AMPHIBIENS
& REPTILES

ARTÉMIS
ÉDITIONS

Comment utiliser ce livre

Descr élanc

Description des caractères physiques permettant de déterminer l'espèce

Rana

Nom scientifique latin, famille

Pe

Nom commun

30

Petite grenouille verte

Rana lessonae (Ranidés)

Description : Cette grenouille est une petite espèce au corps élancé, dont les jointures dorsa-latérales sont visibles. Le mâle présente deux sacs vocaux et une peau dorsale lisse. Sa coloration varie du vert au brun avec des taches plus sombres et, souvent, une ligne vertébrale ; sa face ventrale est blanchâtre. À taille égale, ses membres postérieurs sont plus courts que ceux de *Rana ridibunda*. Taille : de 5 à 7 cm (parfois 9 cm). Longévité : de 5 à 6 ans et plus.

Habitat : La petite grenouille verte fréquente les eaux calmes, l'important, pour elle, étant la présence d'une végétation dense, que ce soit sur la berge ou dans l'eau. Ainsi, on peut l'observer dans les mares, les étangs, les marais ; on la rencontre moins souvent au bord des lacs ou des rivières. Elle vit principalement en plaine, mais se rencontre jusqu'à 1 000 m d'altitude en montagne.

Régime alimentaire : Elle se nourrit principalement d'insectes, surtout volants, ainsi que de crustacés et de vers, et plus rarement de petits vertébrés (grenouilles).

Comportement : Active le jour, la petite grenouille verte aime à s'exposer au soleil. On rencontre parfois des groupes importants où les animaux sont à peu de distance les uns des autres. Il semblerait que la petite grenouille verte tolère une promiscuité

AMPHIBIENS

de 5 **Habit** l'imp

Description des biotopes où vit l'espèce

ment **Comp** s'e

Informations sur le comportement de l'espèce : niveau de sociabilité, activité...

COMMENT UTILISER CE LIVRE

Classement

Amphibiens : salamandres et tritons, grenouilles et crapauds
Reptiles : tortues, lézards, serpents

AM

Carte de répartition

Zones où l'espèce est présente

Légende des photos

Photo
à la gr

Activité

Diurne · Crépusculaire · Nocturne

Danger

Inoffensif · Venimeux

Salamandre tachetée

Salamandra salamandra (Salamandridés)

Description : La salamandre tachetée présente une tête large à museau arrondi, des yeux saillants et des glandes parotoïdes bien marquées. Son apparence est robuste, boudinée, avec des sillons costaux en général bien marqués. Pas de crête dorsa-caudale. La queue plus courte que le reste du corps est, comme les membres et les doigts, de section circulaire. Cette espèce se reconnaît facilement à ses taches jaunes parfois orangées, tranchant sur un fond lustré ; toutefois la disposition et l'étendue de ces taches sont très variables. Les larves mesurent de 25 à 35 mm à la naissance. Taille adulte : de 20 à 28 cm (maximum : 31,6 cm). Longévité : 25 ans.

Habitat : Elle fréquente les lieux humides de la plaine, principalement les forêts de feuillus, mais aussi les collines et les montagnes où elle s'installe surtout près des ruisseaux. Les sols recouverts de mousses, de feuilles, de branches, riches en humus lui conviennent. Présente près des mares, des fossés, des sources, elle s'abrite dans les anfractuosités rocheuses, sous les pierres ou les souches. Dans le Sud, elle atteint 2 000 m d'altitude.

Régime alimentaire : Insectes, lombrics, limaces, araignées, myriapodes.

Comportement : Principalement nocturne et terrestre, la sala-

mandre tachetée peut toutefois être rencontrée le jour, par temps gris, après la pluie. Hors de la période de reproduction, elle vit en solitaire. Elle se déplace avec lenteur et s'éloigne rarement à plus de quelques mètres de son refuge. Elle est protégée par une sécrétion cutanée toxique, pouvant provoquer une forte irritation de la muqueuse buccale et des yeux. C'est un animal paisible. Elle hiberne d'octobre à mars dans des anfractuosités du sol ou sous de vieilles souches ; il se peut alors que des dizaines d'individus se réunissent en un lieu propice.

Photo de gauche : *La salamandre tachetée affectionne les sous-bois humides.*
Photo de droite : *Une salamandre tachetée quitte son abri situé sous une souche.*

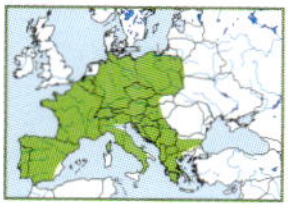

Triton marbré

Triturus marmoratus (Salamandridés)

Description : Il s'agit d'un grand triton robuste, à tête large et aplatie, à membres massifs. Sa coloration est vert plus ou moins intense, marbrée de noir, avec une ligne vertébrale orange bien visible ; le ventre est foncé et ponctué de blanc. Le mâle porte une crête pendant la période de reproduction. Taille : de 14 à 16 cm.

Habitat : On le rencontre dans des paysages extrêmement variés : en plaine, parmi les collines, et en montagne où il atteint des altitudes comprises entre 1 400 et 1 600 m, mais sa préférence va aux basses altitudes. Il fréquente les eaux stagnantes peu profondes telles que mares, fossés, anciennes fontaines, retenues d'eau, puits ; on peut également le rencontrer dans les étangs dépourvus de végétation (gravières, carrières) et les ruisseaux à courant lent.

Régime alimentaire : Quand il est terrestre, il consomme des insectes, des chenilles, des limaces, des lombrics, des araignées. Lorsqu'il est aquatique, il mange des larves d'insectes (moustiques, chironomes, phryganes, éphémères), des crustacés, des têtards de grenouilles (*Rana, Hyla*), mais aussi des larves de sa propre espèce.

Comportement : Sitôt la reproduction terminée, les adultes

reprennent leur vie terrestre et redeviennent nocturnes. Pourtant, certains individus restent à l'eau jusqu'en automne où a lieu un second accouplement. Pendant l'été, ils recherchent les endroits frais et ne s'éloignent pas des zones où la terre reste humide ; ils se cachent sous les pierres ou parmi la végétation. Ils hibernent d'octobre à février. Le triton marbré peut s'hybrider avec le triton crêté.

Photo de gauche : *La femelle ne porte pas de crête, mais une élégante ligne dorsale rouge orangée.*
Photo de droite : *Mâle de triton marbré en période nuptiale, arborant une crête caractéristique.*

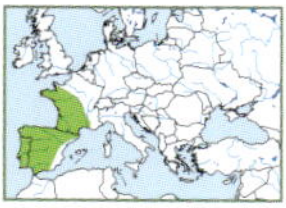

Triton alpestre

Triturus alpestris (Salamandridés)

Description : Le corps est trapu, la tête est un peu plus longue que large, la queue est comprimée. La peau est finement granulée, de coloration grise à noirâtre ou verdâtre, avec des taches mates sur le dos ; la face ventrale est orangée à rouge vif. En livrée nuptiale, le mâle est souvent gris bleuté, avec une crête dorsale de teinte jaunâtre maculée de taches sombres qui se poursuivent sur la queue. Les côtés de la tête et les flancs sont blanc argenté avec toujours des taches sombres. Taille : jusqu'à 11 cm. Longévité : de 4 à 5 ans.

Habitat : Il vit dans l'eau ou à proximité de celle-ci. En altitude, on peut le rencontrer jusqu'à 3 000 m.

Régime alimentaire : Sous l'eau, il consomme des insectes, des crustacés, des vers, mais aussi des larves de tritons et des têtards. Sur terre, il se nourrit d'insectes et de leurs larves.

Comportement : À terre, il est nocturne. Il sort de son sommeil hivernal en février-mars. À partir d'octobre, il recherche un abri dans les profondeurs du sol pour hiberner à l'abri du gel.

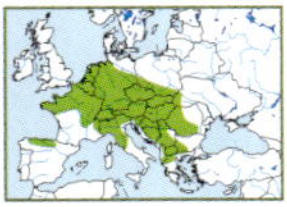

Triton crêté

Triturus cristatus (Salamandridés)

Description : C'est un grand triton robuste, aux membres massifs et à la queue aussi longue que le corps. De teinte sombre, la peau est légèrement rugueuse ; le ventre est jaunâtre ou orangé avec des taches sombres. Le mâle porte une crête en période nuptiale. Taille : de 14 à 16 cm (parfois 18 cm).

Habitat : Toujours proche de l'eau : mares, fossés, étangs, parfois zones inondées. Il vit en plaine mais aussi en montagne, jusqu'à 1 000 m d'altitude (exceptionnellement jusqu'à 2 000 m).

Régime alimentaire : Insectes aquatiques et leurs larves, crustacés, vers, têtards. À terre, il consomme des insectes, des vers et des limaces.

Comportement : En été, les adultes retournent à terre et redeviennent nocturnes. L'hibernation débute un peu avant les premières gelées nocturnes.

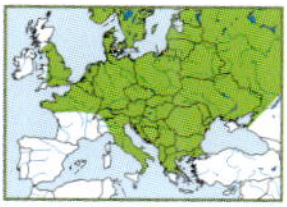

Triton ponctué

Triturus vulgaris (Salamandridés)

Description : Ce triton élancé, à membres grêles, a la peau lisse quand il est aquatique, et finement granuleuse quand il est terrestre. Le dos est brun-jaune, verdâtre ou rougeâtre ponctué de taches sombres. Taille : de 8 à 11 cm. Longévité moyenne : 6 ans (maximum : 15 ans).

Habitat : Eaux courantes ou stagnantes, claires ou à fond vaseux, même saumâtres. Il vit en plaine, et jusqu'à 1 200 m dans les Alpes. Il fréquente les mares, les fossés, les étangs et les ruisselets et parfois les puits (même profonds).

Régime alimentaire : Aquatique, il mange insectes et leurs larves, vers, crustacés, têtards (même les siens) et alevins. Terrestre, il consomme insectes, lombrics et araignées.

Comportement : C'est un bon nageur, rapide. Il mue plusieurs fois pendant son séjour aquatique et, chaque fois, il avale sa mue. Il hiberne à partir de mi-octobre.

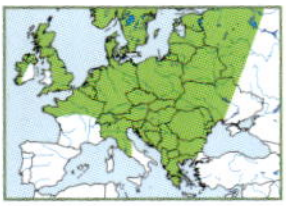

Triton palmé

Triturus helveticus (Salamandridés)

Description : Espèce à corps assez élancé, à palmure de couleur noirâtre aux orteils et à peau lisse. La crête du mâle en parade nuptiale est assez basse et non dentelée. Coloration : brun-orange ou brun-olive marbré de noir. Taille : de 8 à 9 cm. Longévité : jusqu'à 12 ans.

Habitat : Très varié : mares, étangs, tourbières, gravières, petits lacs, ruisselets à débit lent, eaux légèrement saumâtre. En plaine, mais aussi en montagne où il atteint l'altitude de 1 000 m dans les Alpes et 2 000 m dans les Pyrénées.

Régime alimentaire : Terrestre, il consomme des insectes, des vers, des araignées. Aquatique, il mange des larves d'insectes, des crustacés et des têtards (même les siens).

Comportement : La reproduction terminée, il redevient terrestre. Pourtant, certains individus restent à l'eau en permanence.

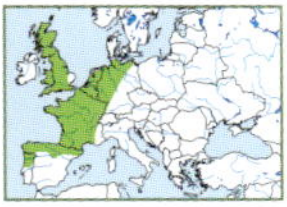

Sonneur à ventre jaune

Bombina variegata (Discoglossidés)

Description : Le corps est plat et trapu, le dos et le dessous des membres sont recouverts d'une peau verruqueuse, et le ventre est lisse. Le dos est gris parfois marbré de sombre, tandis que la face ventrale est jaune ou orangée avec des taches ou des marbrures très sombres. Taille : de 4 à 5 cm. Longévité maximale : 26 ans.

Habitat : Peu délicat, le sonneur à ventre jaune s'accommode du premier plan d'eau venu, mais il fréquente de préférence les mares, les étangs, les fossés et même les marais saumâtres. Il vit en plaine, dans les collines, mais aussi en montagne : jusqu'à 1 500 m dans les Alpes et 2 000 m plus à l'est.

Régime alimentaire : Insectes, lombrics, crustacés et mollusques.

Comportement : Dérangé, il se raidit, les pattes repliées en arrière, le dos creusé, mettant ainsi en évidence sa vive coloration noir et jaune.

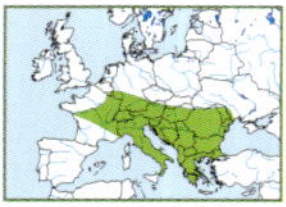

Alyte

Alytes obstetricans (Discoglossidés)

DESCRIPTION : Il ressemble à un petit crapaud commun. La tête se termine par un museau arrondi, le tympan est visible, la pupille de l'œil est fendue verticalement. Le dos et le dessus des pattes sont granuleux. Coloration gris plus ou moins foncé, mais aussi brunâtre. Taille : 4,5 cm. Longévité : 5 ans.

HABITAT : Il fréquente les forêts, les carrières, les éboulis, mais aussi les murs de pierres sèches et même les jardins. Il vit en plaine, hormis dans le Sud où on le rencontre jusqu'à 2 000 m d'altitude.

RÉGIME ALIMENTAIRE : Petites proies prélevées au sol : insectes, araignées, lombrics et limaces.

COMPORTEMENT : La nuit, on peut l'entendre chanter, ses notes flûtées étant espacées d'une à trois secondes. Il est très difficile de localiser l'animal au moyen de son chant.

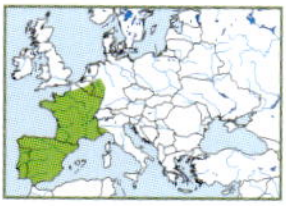

Discoglosse peint

Discoglossus pictus (Discoglossidés)

DESCRIPTION : Le discoglosse peint a l'aspect d'une petite grenouille à museau pointu. Ses tympans sont à peine visibles, sa pupille est triangulaire et sa peau est luisante. L'ornementation de son corps apparaît très variable : claire ou foncée avec de grandes ou de petites taches ; la partie ventrale est claire. Taille : 8 cm. Longévité : 7 ans.

HABITAT : En Espagne, il fréquente les plaines et les collines. Il atteint l'altitude de 1 800 m et plus de 2 000 m en Afrique du Nord (Atlas). Cette espèce peu exigeante fréquente les bords des mares, des fossés, des canaux et des ruisseaux. Elle peut se reproduire dans les abreuvoirs, les citernes, les puits et même dans l'eau légèrement saumâtre. En période de sécheresse, le discoglosse creuse souvent de petites galeries dans le sol humide afin d'échapper à la dessication.

RÉGIME ALIMENTAIRE : Principalement composé d'insectes tels que lépidoptères, diptères, larves aquatiques, mais aussi de lombrics, de têtards et même de jeunes de sa propre espèce.

COMPORTEMENT : Son activité est à la fois diurne et nocturne. Pour se reposer, il se retire entre les racines des arbres, sous les blocs des éboulis ou parmi les pierres des vieux murs. Il a besoin d'une forte humidité, ainsi que d'une température supérieure à

10 °C. Lors de fortes chaleurs, il recherche l'eau et l'ombre, creusant parfois un trou dans le sable. Si les points d'eau disparaissent, il disparaît aussi, pratiquant l'estivation. Toutefois, il n'estive ni n'hiberne réellement ; que la pluie survienne, il réapparaît. En cas de danger, il peut émettre un cri, différent de celui émis lors de la période des amours, qui ressemble à un miaulement. Bien que le développement des œufs soit rapide, il arrive que ceux-ci se dessèchent, car le discoglosse pond un peu dans n'importe quel trou d'eau ; c'est peut-être à cause de ces pertes que le nombre d'œufs est si important au départ.

Photo de gauche : *Le discoglosse peint arbore une véritable livrée de camouflage.*
Photo de droite : *Le discoglosse sarde* (Discoglossus sardus) *est, quant à lui, une espèce endémique de Corse, de Sardaigne et des îles d'Hyères.*

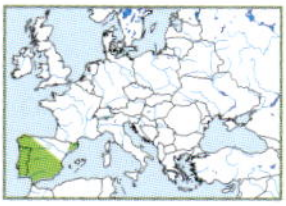

Pélobate brun

Pelobates fuscus (Pélobatidés)

Description : Le pélobate brun a l'aspect d'un petit crapaud, avec des membres courts et vigoureux et de grands yeux proéminents à pupille verticale. Sa coloration est très variable : verdâtre à brun plus ou moins foncé avec des taches foncées plus ou moins grandes ; face ventrale claire avec parfois de petites taches sombres. Le crâne présente une bosse derrière les yeux. La palmure des pattes arrière est bien développée. Taille : 8 cm chez la femelle. Longévité maximale : 11 ans.

Habitat : On le rencontre dans les paysages ouverts, en plaine, mais aussi parmi les collines. Il affectionne les terrains meubles et tout particulièrement les sols sablonneux. Il n'est pas rare de le trouver dans les zones agricoles sableuses (cultures d'asperges par exemple). Il ne se rend à l'eau que pendant la période de reproduction.

Régime alimentaire : Insectes, le pélobate ayant une nette préférence pour les coléoptères ; également araignées, cloportes, lombrics.

Comportement : Lorsqu'il est dérangé, le pélobate peut pousser de petits cris, se dresser sur ses pattes, se gonfler et même sauter gueule ouverte. Son activité est principalement nocturne ; pendant la journée, il sort seulement à l'occasion de fortes pluies,

sinon il se réfugie à l'intérieur d'un puits qu'il creuse grâce à l'éperon corné qu'il possède à l'extrémité de chaque patte postérieure. Son fouissement est rapide. Sur le sol, il se déplace avec agilité ; c'est aussi un excellent nageur. Il hiberne dans les profondeurs du sol, disparaissant à partir d'octobre et réapparaissant en mars. En période d'activité, il sort le soir et une ou deux heures après le coucher du soleil, et se déplace en marchant, mais aussi en sautant. Pris à la main, il dégage une forte odeur d'ail.

Photo de gauche : *Le pélobate brun vit une grande partie de la journée enfoui dans le sol.*
Photo de droite : *Ce petit crapaud possède des yeux proéminents avec un iris doré ou rouge cuivre et une pupille formant une fente verticale.*

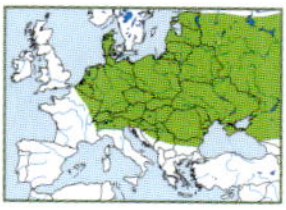

Pélodyte ponctué

Pelodytes punctatus (Pélobatidés)

Description : Le pélodyte ponctué ressemble à une petite grenouille. Le corps est svelte, les pattes sont longues, la tête porte un museau arrondi et des yeux saillants, le tympan est réduit mais distinct, et la pupille est verticale. La peau, relativement lisse et brillante, montre de petites verrues. Les orteils sont à peine palmés. Au printemps, le mâle porte des pelotes nuptiales sur les deux premiers doigts mais aussi sur les pattes antérieures et même sur la poitrine. La coloration dorsale est gris olive avec de petites taches vert vif ; la face ventrale est blanche. Taille : de 3,5 à 4,5 cm.

Habitat : Le pélodyte ponctué est terrestre, mais se tient principalement à proximité de l'eau. On peut le rencontrer en des lieux très variés : bord des mares ou des ruisselets, dans les champs, les prairies humides, les buissons, les vignes, sur les chemins longeant les rivières, dans les ruines, au pied des vieux murs de pierre et parmi les feuilles. Il ne se rend à l'eau qu'en période de reproduction.

Régime alimentaire : Principalement constituée d'insectes, d'araignées, mais aussi de vers et de petites limaces.

Comportement : C'est un animal terrestre et fouisseur nocturne en dehors de la période de reproduction. Il saute, plonge

et nage avec habileté ; il peut même grimper sur les surfaces lisses en utilisant son ventre comme ventouse. Il se cache pendant la journée dans des galeries refuges qu'il creuse lui-même. Au printemps, on peut l'observer dans les flaques d'eau ou parmi les herbes palustres. Le mâle émet alors des cris prolongés, principalement dans la matinée ; la feme le chante aussi, mais plus faiblement. L'hibernation se déroule dans le sol, à partir d'octobre et jusqu'en février ou en mars. L'animal sécrète un mucus cutané irritant, mais peu toxique.

Photo de gauche : *Le pélodyte ponctué, dont le dessus du corps est marqué de taches d'un beau vert brillant, porte des yeux proéminents.*
Photo de droite : *En dehors de la période de reproduction, ce crapaud est de mœurs plutôt terrestres et nocturnes.*

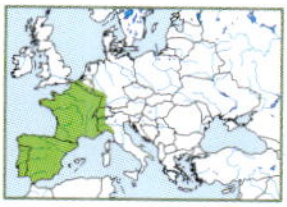

Crapaud commun

Bufo bufo (Bufonidés)

DESCRIPTION : C'est un animal massif, à tête large et à museau arrondi. La pupille de l'œil est horizontale, le tympan est peu visible, la peau est verruqueuse avec de nombreuses glandes parsemant sa surface, et les parotoïdes sont très développées. La coloration, brunâtre, peut varier du beige clair au brun-rouge, en passant par le verdâtre ; des taches plus sombres existent parfois ; la face ventrale est claire, plus ou moins marbrée. Taille : 13 cm en moyenne (jusqu'à 18 cm). Longévité maximale : 36 ans.

HABITAT : On le trouve principalement en plaine, mais aussi parmi les collines et même en montagne jusqu'à 2 000 m d'altitude. Il fréquente les forêts, les bords de chemins, les terrains incultes, parfois les jardins, les vergers, les haies, les rives des cours d'eau et même les lagunes saumâtres. Il n'est pas rare dans les villages et pénètre parfois dans les caves lorsque celles-ci sont accessibles.

RÉGIME ALIMENTAIRE : Insectes : coléoptères, forficules, punaises, etc., avec une préférence pour les fourmis. Il consomme aussi des araignées, des cloportes, des lombrics et des limaces.

COMPORTEMENT : Crépusculaire et nocturne. Son déplacement normal est la marche, mais il peut sauter, surtout lorsqu'il est dérangé. En cas de danger, il s'aplatit au sol et rentre les yeux tout

en gonflant son corps au maximum. Effrayé par une couleuvre, il adopte une attitude caractéristique : il se gonfle, se dresse sur ses pattes arrière et se penche en avant, tête en bas. Il est bon grimpeur et nage très bien. Il mène en général une vie casanière et retourne toujours au même abri, souvent constitué d'un trou dans un vieux mur, du dessous d'une pierre ou d'une planche. L'hibernation commence en octobre, dans le sol, les éboulis ou les décombres. Si l'endroit choisi est grand, plusieurs animaux s'y retrouvent ensemble, quelquefois même en compagnie de couleuvres.

Photo de gauche : *Le crapaud commun ne gagne l'eau que pour s'y reproduire. Sinon, il vit à terre, dissimulé dans une anfractuosité ou sous une pierre.*
Photo de droite : *Le crapaud commun est un hôte utile du jardin qui consomme des vers, mais aussi de nombreux insectes indésirables et des limaces.*

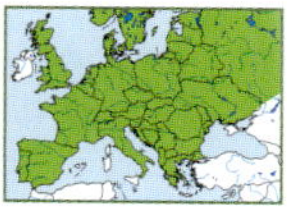

Crapaud des joncs

Bufo calamita (Bufonidés)

Description : C'est un crapaud trapu, à tête aplatie, dont les yeux portent une pupille horizontale, et dont le tympan est à peine visible. Le corps est verruqueux, et les parotoïdes sont bien visibles. Le mâle possède un sac vocal interne situé sous la gorge. Les membres postérieurs sont relativement courts. La coloration générale est verdâtre plus ou moins foncé avec des taches brunes ; les grandes verrues sont souvent rouges ; une ligne vertébrale claire court le long du dos ; la face ventrale est claire avec des taches brunes. Taille : 8 cm et plus. Longévité maximale : 16 ans.

Habitat : Il affectionne les terrains sableux, les dunes à faible végétation, les sablières et les bords d'étangs ; il vit aussi dans l'eau peu profonde où il séjourne plusieurs jours de suite parmi les plantes semi-aquatiques, bien qu'il soit mauvais nageur. On le trouve surtout en plaine, parfois en moyenne montagne jusqu'à 1 200 m d'altitude. L'eau saumâtre ne le rebute pas.

Régime alimentaire : Insectes (principalement des fourmis), araignées, vers et limaces.

Comportement : Nocturne, il se déplace en marchant, ou par courses très brèves, rarement en sautant. Les crapauds des joncs (ou calamites) sont de bons chanteurs nocturnes. Le cri est une

série de coassements sonores et vibrants qui commencent et se terminent brusquement et dont la durée est de une ou deux secondes. Par soirée calme, le chant du crapaud des joncs peut porter très loin. Lorsqu'il ne dispose pas d'une retraite adéquate, il creuse son propre terrier en excavant le sol meuble de ses pattes postérieures. Il pénètre dans son trou à reculons. C'est aussi un bon grimpeur ; il peut escalader les rochers et même gravir un mur pour se réfugier dans une anfractuosité. Dès la fin de septembre ou le début d'octobre, il gagne un repère souterrain jusqu'à la fin de février. L'hiver, on trouve parfois plusieurs de ces crapauds réunis « en paquet » au fond d'un trou.

Photo de gauche : *Le crapaud des joncs recherche les lieux humides à substrat sableux, pourvus d'une abondante végétation.*
Photo de droite : *Le soir venu, le crapaud des joncs fait entendre son chant puissant, accompagné de tous ses congénères en un concert audible à très longue distance.*

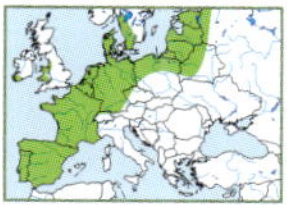

Crapaud vert

Bufo viridis (Bufonidés)

Description : Ce n'est pas un animal facile à décrire. Le crapaud vert n'est pas toujours vert comme son nom l'indique ; il peut être crème, blanc, rose ou olivâtre avec, sur tout le corps, des taches de grandeur variable : vert émeraude, grises, ponctuées ou non de sombre ; en revanche, la couleur des yeux est assez constante ; l'iris apparaît d'un beau vert, plus ou moins foncé, vermiculé de noir. De taille moyenne, il possède des membres postérieurs plus longs que ceux du crapaud commun. De ce fait, il se déplace souvent en sautant. Taille : de 7 à 8 cm, un peu plus pour les femelles. Longévité maximale : 9 ans.

Habitat : Des milieux très variés peuvent abriter le crapaud vert, ce qui se comprend aisément étant donné sa vaste répartition. Les régions steppiques chaudes et sèches à hiver rigoureux ne le rebutent pas, les zones sableuses non plus. En régions tempérées, il fréquente de préférence les espaces découverts tels que prairies marécageuses, fossés, bord de l'eau. On le voit très souvent près des lieux habités où il trouve une nourriture abondante. Présent à très haute altitude (plus de 4 000 m en Asie).

Régime alimentaire : Principalement composée d'animaux de petite taille (insectes, araignées, crustacés, vers, limaces).

Comportement : En régions tempérées, il est plus aquatique

que le crapaud commun et plus agile aussi, car il se déplace par sauts rapides ; d'autre part, c'est un bon grimpeur. On peut parfois le rencontrer de jour, uniquement au soleil si celui-ci n'est pas trop chaud. Dans les régions chaudes et sèches, il est nocturne et se rencontre fréquemment au bord de l'eau. En revanche, lorsqu'il est dans l'eau, il supporte très bien le soleil. Les eaux saumâtres ne le rebutent pas. Il s'hybride quelquefois avec *Bufo calamita* et plus rarement avec *Bufo bufo*.

Photo de gauche : *Le crapaud vert hiberne d'octobre à mars dans la mousse ou une anfractuosité rocheuse.*
Photo de droite : *Peu avant le frai, les crapauds verts rejoignent une étendue d'eau stagnante pour y déposer leurs œufs.*

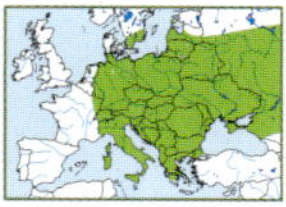

Rainette verte

Hyla arborea (Hylidés)

Description : La rainette verte est une petite grenouille arboricole, à pupille horizontale et à tympan bien visible. La peau, lisse sur le dos, est finement granuleuse sous le ventre. Les doigts et les orteils sont terminés par des disques adhésifs. La coloration générale est vert vif, avec une ligne brun foncé qui débute sur le museau, traverse l'œil, sépare le dos des flancs et décrit une boucle au niveau de l'aine ; la face ventrale est claire. Taille : de 4 à 5 cm. Longévité moyenne : 8 ans, mais cette rainette peut vivre 14 ans.

Habitat : Elle fréquente les biotopes riches en végétation : lisière de forêts, arbrisseaux, ronciers, prairies humides, bordures de marais ou d'étangs ; la végétation bordant une simple mare peut lui convenir. Pendant les grosses chaleurs, il lui arrive de s'abriter dans un puits, une grotte, un vieux moulin en ruine. On peut la rencontrer jusqu'à 600 m d'altitude au nord des Alpes et 800 m au sud.

Régime alimentaire : La rainette se nourrit de diverses petites proies vivantes : insectes, araignées, cloportes, myriapodes.

Comportement : Dès le crépuscule, elle part en chasse. Il lui arrive de sauter pour capturer un insecte volant ; sa précision et sa rapidité sont étonnantes. C'est un animal vorace. Le mâle

possède de minuscules excroissances nuptiales sur la face interne des doigts. Quand il chante, sa gorge, foncée et flasque, se dilate en une boule volumineuse plus importante que sa tête. Sa coloration d'ordinaire verte peut changer et varier en intensité, en fonction de certains facteurs extérieurs : luminosité, aspect et couleur du substrat. Ainsi, elle peut devenir vert olive, bronze, gris sombre et même noire. Certains individus présentent une jolie couleur bleue : il leur manque simplement un pigment cutané jaune.

Photo de gauche : *La rainette verte est sans doute notre seul amphibien (avec la rainette méridionale) qui vit perché sur les tiges des plantes et des arbustes.*
Photo de droite : *Le sac vocal médian gonflé d'un mâle occupé à chanter.*

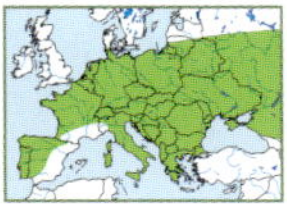

Rainette méridionale

Hyla meridionalis (Hylidés)

Description : Cette espèce ressemble à la rainette verte, mais la bande brune qui part du museau traverse l'œil, atteint la région temporale mais ne la dépasse guère. Le chant des deux espèces est différent. Taille : 5 cm. La longévité est identique à celle de *Hyla arborea*.
Habitat : Les roselières, les mares, les étangs, les buissons, les arbustes, mais aussi les jardins, les puits et les habitations.
Régime alimentaire : Insectes, araignées, cloportes, myriapodes.
Comportement : C'est une bonne grimpeuse. Son anatomie reflète très bien cette spécialisation : doigts et orteils portent des sortes de pelotes adhésives. Elle hiberne d'octobre à mars.

Grenouille verte

Rana esculenta (Ranidés)

Description : La tête, pointue, présente des yeux proéminents. Le tympan est bien visible, et les palmures atteignent l'extrémité des orteils. Coloration très variable : vert plus ou moins foncé, ou brun avec des marbrures plus foncées. Taille : de 8 à 10 cm, jusqu'à 12 cm. Longévité : de 5 à 6 ans et plus.

Habitat : La grenouille verte occupe des habitats très variés : grandes mares, étangs, marais, anciennes sablières, mais aussi lacs et rivières.

Régime alimentaire : Insectes, crustacés, vers et petits vertébrés (jeunes grenouilles). Les insectes entrent pour une part très importante dans le régime alimentaire des grenouilles vertes. Elles s'en saisissent avec une rare habileté, en projetant au loin leur langue gluante.

Comportement : Identique à celui de *Rana lessonae*.

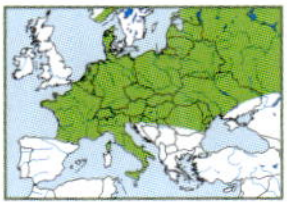

Petite grenouille verte

Rana lessonae (Ranidés)

Description : Cette grenouille est une petite espèce au corps élancé, dont les jointures dorsa-latérales sont visibles. Le mâle présente deux sacs vocaux et une peau dorsale lisse. Sa coloration varie du vert au brun avec des taches plus sombres et, souvent, une ligne vertébrale ; sa face ventrale est blanchâtre. À taille égale, ses membres postérieurs sont plus courts que ceux de *Rana ridibunda*. Taille : de 5 à 7 cm (parfois 9 cm). Longévité : de 5 à 6 ans et plus.

Habitat : La petite grenouille verte fréquente les eaux calmes, l'important, pour elle, étant la présence d'une végétation dense, que ce soit sur la berge ou dans l'eau. Ainsi, on peut l'observer dans les mares, les étangs, les marais ; on la rencontre moins souvent au bord des lacs ou des rivières. Elle vit principalement en plaine, mais se rencontre jusqu'à 1 000 m d'altitude en montagne.

Régime alimentaire : Elle se nourrit principalement d'insectes, surtout volants, ainsi que de crustacés et de vers, et plus rarement de petits vertébrés (grenouilles).

Comportement : Active le jour, la petite grenouille verte aime à s'exposer au soleil. On rencontre parfois des groupes importants où les animaux sont à peu de distance les uns des autres. Il semblerait que la petite grenouille verte tolère une promiscuité

plus importante que la grenouille rieuse. Il lui arrive de s'éloigner de l'eau pour chasser, mais elle reste en des endroits très humides, car sa peau se dessèche très vite. Les jeunes grenouilles se rencontrent principalement dans les prés humides proches des marais ou des étangs. Adultes, elles affectionnent plutôt le bord de l'eau, les rives bien plantées. Un tel comportement permet aux jeunes d'échapper à la voracité des adultes.

Photo de gauche : *Son identification est délicate car elle ressemble à la grenouille rieuse* (Rana ridibunda).
Photo de droite : Rana lessonae *est la plus petite des grenouilles vertes d'Europe.*

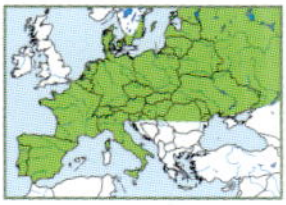

Grenouille rousse

Rana temporaria (Ranidés)

Description : C'est une grenouille assez corpulente, dont les pattes postérieures sont incomplètement palmées. L'articulation tibia-tarsienne atteint l'œil lorsque la patte arrière est ramenée vers l'avant. La tête porte un museau arrondi, et le tympan est nettement visible. Deux sacs vocaux internes existent chez le mâle. La coloration d'ensemble est variable : le dos peut être jaunâtre, brunâtre, rougeâtre ou grisâtre, plus ou moins tacheté de sombre mais sans rayures ; la face ventrale est claire, tachetée ou non. Taille : 10 cm maximum. Longévité moyenne : 8 ans.

Habitat : Son habitat, très varié, se caractérise par un faible taux d'humidité. On la trouve dans les champs, les prairies, les haies et même dans les parcs et les jardins ; elle ne s'approche des lieux très humides que par très forte chaleur. On la rencontre du bord de la mer jusqu'à 2 800 m d'altitude.

Régime alimentaire : Elle se nourrit de divers invertébrés : insectes et leurs larves, cloportes, vers, limaces.

Comportement : Son activité est diurne et crépusculaire (mais aussi nocturne). Aussitôt la reproduction terminée, la grenouille rousse quitte l'eau. Pendant les chaleurs estivales, elle se retire cependant dans des lieux humides. En montagne, elle s'éloigne peu de l'eau, et pendant la belle saison elle reste souvent en

bordure des lacs. Elle se déplace par une série de petits bonds marqués d'arrêts plus ou moins prolongés. Elle ne peut séjourner que peu de temps dans un endroit sec, car sa peau se dessèche vite. Elle se réhydrate cependant très vite en cas de besoin, car sa peau peut réabsorber l'eau qui lui manque. Fin octobre-début novembre, elle rejoint son lieu d'hivernage, souvent constitué d'une cavité du sol ou de la vase d'un étang. Elle réapparaît en février.

Photo de gauche : *La grenouille rousse peut vivre loin de l'eau, dans les prairies, tourbières sèches ou jardins.*
Photo de droite : *Accouplement axillaire et aquatique de la grenouille rousse.*

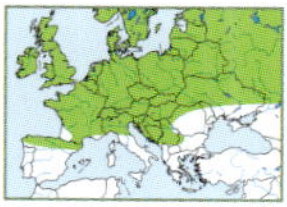

Grenouille agile

Rana dalmatina (Ranidés)

Description : Grenouille élancée à membres postérieurs très longs. L'articulation tibio-tarsienne dépasse nettement la pointe du museau lorsque la patte postérieure est ramenée vers l'avant. Le museau est allongé, et le tympan proche de l'œil. Absence de sacs vocaux chez le mâle, palmure des pattes arrière n'atteignant pas l'extrémité des orteils. La coloration dorsale, brun clair ou foncé, tire parfois sur le gris, avec ou sans taches sombres ; le tympan est sombre ainsi que la tache temporale ; les membres postérieurs sont barrés ; la face ventrale est claire. Taille : de 6 à 7 cm, jusqu'à 9. Longévité : de 6 à 8 ans et plus.
Habitat : On la rencontre dans les prairies, en forêt, en bordure de mares ou de ruisseaux. On la trouve tantôt parmi la végétation dense (ronciers, hautes herbes), tantôt sur la litière forestière des bois de feuillus. Elle fréquente aussi des lieux plus secs, tels que les clairières et les bords de chemins. En général, la grenouille agile vit à basse altitude, mais peut monter jusqu'à plus de 1 000 m en montagne.
Régime alimentaire : Insectes divers, vers, crustacés, limaces.
Comportement : Elle est terrestre, plutôt active la nuit, mais aussi le jour par temps pluvieux. Par beau temps, on peut la rencontrer en bordure des ruisseaux. Elle se déplace en sautant.

En cas de danger, elle est capable de fuir en faisant des bonds impressionnants : une grande femelle peut couvrir une distance de 2 m. Son chant est extrêmement discret au point de passer souvent inaperçu. En automne, à partir de fin octobre, les grenouilles agiles s'apprêtent à entrer en hibernation. Mâles et femelles n'hibernent pas dans les mêmes lieux. Les premiers passent l'hiver dans la vase au fond de l'eau. Les secondes se réfugient au sol sous les pierres, les souches ou les amas végétaux.

Photo de gauche : *La grenouille agile vit principalement à terre, dans l'herbe des prairies humides.*
Photo de droite : *Les membres postérieurs de la grenouille agile sont longs ou très longs ; la palmure est moyenne.*

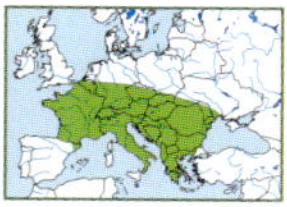

Grenouille rieuse

Rana ridibunda (Ranidés)

Description : Cette grenouille, massive et grande, présente un museau arrondi, des tympans visibles et des pupilles horizontales. Le membre postérieur est long et la palmure importante. Le dos est lisse ou assez pustuleux, avec deux replis latéro-dorsaux distincts. Les sacs vocaux du mâle sont gris. De coloration très variable, allant du vert au brun tacheté de sombre, elle présente souvent une ligne vertébrale claire ; sa face ventrale blanchâtre peut être tachetée ou marbrée de gris. Taille : de 10 à 15 cm, exceptionnellement jusqu'à 17 cm (les mâles sont généralement plus petits que les femelles). Longévité : 6 ans et plus.

Habitat : En général, la grenouille rieuse fréquente les endroits riches en végétation. Toutefois, dans le sud de son habitat, elle se contente parfois d'une végétation clairsemée ; elle vit dans les zones marécageuses, au bord ou dans l'eau des mares importantes, des étangs, mais aussi près des cours d'eau et des lacs. C'est souvent le seul amphibien présent dans les plans d'eau riches en poissons.

Régime alimentaire : Insectes, même de grande taille (libellules), vers, crustacés et même vertébrés : petites grenouilles, poissons, lézards. On cite aussi des oisillons et de jeunes rongeurs.

Comportement : La grenouille rieuse, vorace, chasse pendant la journée. Dès qu'elle aperçoit quelque objet en mouvement de la taille d'une proie, elle se précipite dessus et le happe ; si celui-ci ne lui convient pas, elle le rejette. Elle chasse les insectes en vol en les happant brusquement avec sa bouche garnie de nombreuses dents. Dérangée, elle se réfugie volontiers dans l'eau, après un plongeon sonore caractéristique ; puis, nageant en zig-zag et décrivant de rapides crochets, elle finit par s'enfoncer dans la vase.

Photo de gauche : *Mâle de grenouille rieuse gonflant ses sacs vocaux latéraux.*
Photo de droite : *Accouplement axillaire de grenouilles rieuses.*

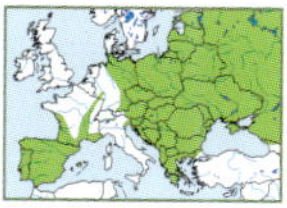

Tortue d'Hermann

Testudo hermanni (Testudinidés)

DESCRIPTION : La carapace, jaune doré à orangé avec des taches noires, est très bombée. La plaque supracaudale est dédoublée et l'on n'observe pas d'éperon à la cuisse ; la queue est terminée par un tubercule corné et fissuré, de forme conique. Les écailles frontales des membres antérieurs sont peu rugueuses. La dossière atteint une taille de 20 cm et plus, pour un poids de 2 à 4 kg pour les plus grosses. Longévité : 30 ans (exceptionnellement 90 ans).
HABITAT : La tortue d'Hermann fréquente les régions boisées : maquis denses, landes à cistes, bruyères arborescentes et genêts d'Espagne. Elle fuit les zones très accidentées. On peut aussi la rencontrer en plaine en bordure de cultures. Le sol sablonneux est idéal pour sa ponte. La forêt d'origine ayant été bouleversée, elle s'est donc adaptée tant bien que mal à d'autres milieux. Les tortues d'Hermann sont très attachées à leur lieu de vie.
RÉGIME ALIMENTAIRE : Principalement végétarienne, cette espèce utilise son sens de la vision pour rechercher sa nourriture, mais c'est l'odorat qui décide finalement de la prise de nourriture. Elle a une préférence pour certaines plantes (les fleurs jaunes l'attirent), consomme des fruits et, occasionnellement, quelques invertébrés. L'été, elle se rapproche des points d'eau et parcourt pour cela de longues distances.

Comportement : Après le repos hivernal qui débute en novembre, les tortues reprennent leur activité en mars ou avril ; elles sont alors actives presque toute la journée. En été, une interruption intervient pendant les heures chaudes car elles doivent impérativement se mettre à l'ombre. On rencontre le plus souvent des animaux isolés, les regroupements n'ayant lieu qu'au printemps lors de la reproduction.

Photo de gauche : *Toutes les atteintes portées à la forêt méditerranéenne compromettent l'avenir de la tortue d'Hermann.*
Photo de droite : *À l'arrière de la dossière, la plaque supra-caudale est double chez la tortue d'Hermann, alors qu'elle est simple chez sa cousine la tortue grecque.*

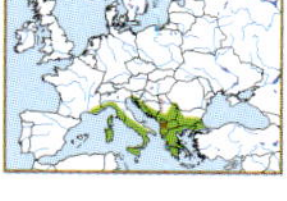

Cistude d'Europe

Emys orbicularis (Émydidés)

Description : La cistude possède une carapace presque lisse, pouvant atteindre une longueur de 20 à 25 cm, exceptionnellement plus. La tête et le cou sont ornés de taches les pattes sont robustes et armées de solides griffes, et la queue est longue. La couleur de fond est toujours très sombre (brunâtre ou noirâtre) avec de petites taches formant des lignes claires. Les femelles deviennent plus grosses que les mâles. Longévité : 70 ans, voire un siècle.

Habitat : Elle se tient principalement dans l'eau ou à proximité. Les eaux stagnantes, telles que mares, étangs, fossés, lui conviennent, ainsi que les rivières à cours lent ; elle s'aventure aussi en eau saumâtre, l'important étant que le fond soit vaseux. On la rencontre exceptionnellement en eau claire (torrent rocheux).

Régime alimentaire : Essentiellement carnivore, elle se nourrit de vertébrés (batraciens et têtards, poissons, oisillons ; petits mammifères) et d'invertébrés (insectes, mollusques, crustacés, vers, limaces et escargots), auxquels viennent s'ajouter quelques plantes aquatiques.

Comportement : Elle aime la chaleur et il n'est pas rare d'observer plusieurs individus se chauffant au soleil au même

endroit. Néanmoins, en période de forte chaleur, elle creuse un terrier dans la berge et n'en sort qu'à l'occasion d'une bonne averse. Lors de pluies abondantes, il lui arrive d'être entraînée loin de son lieu originel. Sa nature craintive la pousse à plonger à la moindre alerte ; alors, un « plouf » sonore caractéristique se fait entendre. Elle est active presque toute la journée au printemps et en automne, alors que l'été elle devient crépusculaire et passe ses journées immobile dans l'eau et à l'ombre. Les proies volumineuses (telles que grenouilles, oiseaux, rongeurs) sont toujours consommées dans l'eau. L'hibernation a une durée variable en fonction du climat, mais généralement il se prolonge d'octobre à mars.

Photo de gauche : *La dossière de la cistude est fréquemment tachetée de jaune vif.*
Photo de droite : *Souvent, on ne voit de la cistude que l'extrémité de son museau sortant de l'eau.*

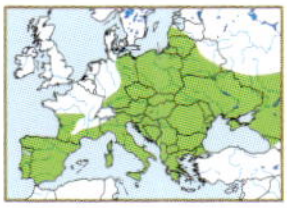

Gecko verruqueux

Hemidactylus turcicus (Geckonidés)

Description : C'est un petit gecko de forme élancée. La tête porte de gros yeux à pupille verticale, et la queue cylindrique est effilée. La face interne des doigts et des orteils est garnie de deux rangées de lamelles adhésives qui ne s'étendent pas jusqu'à l'extrémité griffue. Coloration variable. Taille : de 10 à 12 cm.
Habitat : Le gecko verruqueux fréquente principalement les zones côtières. Il vit parmi les rochers, les pentes pierreuses, les rocailles, les ruines, les murs de pierres sèches et même les bâtiments habités.
Régime alimentaire : Insectes divers, araignées et myriapodes.
Comportement : Principalement crépusculaire et nocturne, il sort cependant le matin pour se chauffer au soleil. C'est un animal agile et rapide qui se tient principalement en hauteur. Il capture souvent les insectes attirés par les éclairages publics.

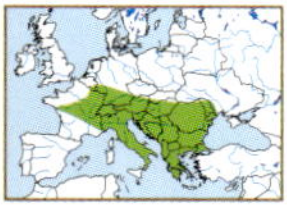

Phyllodactyle

Phyllodactylus europaeus (Geckonidés)

Description : Le plus petit des geckos d'Europe. Le dos est couvert de petites écailles lisses. La queue de repousse devient globuleuse. Les doigts portent deux grandes plaques de lamelles adhésives, séparées par un sillon. Œil à pupille verticale. Coloration bleuâtre avec des taches plus claires. Taille : 7 cm. Longévité : 10 ans et plus.

Habitat : Le phyllodactyle vit sous les pierres, sous les écorces des arbres morts ou vivants, et fuit les habitations, sauf celles en ruine.

Régime alimentaire : Principalement des insectes, mais aussi des araignées, des myriapodes, des lépismes et de jeunes scorpions.

Comportement : Il est exclusivement nocturne ; dans le milieu où il vit, il bénéficie de la chaleur emmagasinée pendant le jour. Sa coloration est variable : il est foncé pendant la journée et clair la nuit. En cas de détresse, il pousse un cri aigu.

Lézard ocellé

Lacerta lepida (Lacertidés)

Description : Le lézard ocellé est le plus grand Lacertidé d'Europe, avec une taille de 60 cm, dont les deux tiers pour la queue ; des individus de 80 à 90 cm existent dans les Pyrénées-Orientales (France). La tête du mâle est massive, les membres inférieurs également. Les flancs portent souvent des points bleus très apparents ; la face dorsale est verte ou vert brunâtre à brun rougeâtre, cou verte de petites écailles perlées ; un dessin très fin, noir et réticulé, s'étend du cou à la queue ; la face ventrale est claire ; la coloration des juvéniles est différente : sur un fond vert olive plus ou moins foncé s'alignent des ocelles noirs à centre jaunâtre. Longévité : de 6 à 7 ans, maximum 14 ans.

Habitat : Le lézard ocellé affectionne les terrains secs et ensoleillés tels que zones broussailleuses incultes, vieux murs de pierres sèches, bordures de chemins, talus de routes, mais aussi, parmi les rochers du maquis ou en milieu sableux, il fréquente les oliveraies, les vignes et autres cultures, ainsi que les ruines isolées. Depuis le niveau de la mer jusqu'à 1 000 m d'altitude dans les Alpes et les Pyrénées, voire jusqu'à 2 100 m dans le sud de l'Espagne.

Régime alimentaire : Principalement constituée d'insectes de grande taille (coléoptères, orthoptères), mais aussi d'araignées,

de scorpions, de scolopendres, d'isopodes et de vers, auxquels viennent s'ajouter des vertébrés (lézards, jeunes serpents, oisillons et œufs, micromammifères) et des fruits sucrés.

Comportement : Le lézard ocellé est diurne et vit en général au sol ou près de celui-ci, bien qu'il soit un bon grimpeur. Dérangé, il va fuir bruyamment, puis, si cela est possible, il grimpe dans un arbre. En général, son refuge est un terrier qu'il a lui-même creusé. Les lézards ocellés vivent souvent en couples. En cas d'agression, et si la fuite est impossible, il fait face gueule ouverte en soufflant, et il peut même sauter vers son agresseur. Sa morsure est douloureuse mais sans danger. En dehors de son terrier, il peut loger sous une grosse pierre, un éboulis, voire la toiture d'une maison isolée et abandonnée. Il hiberne en profondeur à partir d'octobre et jusqu'en mars ou en avril.

Photo de gauche : *Le lézard ocellé adore paresser au soleil sur une grosse pierre.*
Photo de droite : *Les ocelles bleutés qui illuminent la robe de ce lézard lui valent son nom.*

Lézard vert

Lacerta viridis (Lacertidés)

Description : Ce beau lézard, au corps robuste, se reconnaît facilement à sa couleur vert pomme ou vert olive. Le mâle est un peu plus massif que la femelle. La tête est couverte de grandes plaques symétriques. Il montre, sur un fond vert, un semis de taches irrégulièrement réparties, principalement noires mais aussi jaunes ou vertes, ces dernières étant toujours plus claires que la teinte de fond. C'est un grand lézard qui peut atteindre 20 à 30 cm, quelquefois 40 cm dans le sud de l'Europe. Il peut vivre 6 ans.

Habitat : Les endroits à forte végétation tels que les haies vives et les taillis sont ses lieux favoris, que ce soit en prairie, sur le versant d'un talus, en lisière de forêt ou en bordure de chemin. C'est un bon grimpeur. Il affectionne les ronciers, l'important pour lui étant de trouver à proximité un petit endroit dégagé où il puisse s'exposer au soleil. Il s'abrite de préférence sous une grosse souche ou sous une pierre ; il occupe à l'occasion la galerie désaffectée d'un terrier de rongeur, mais il peut aussi creuser son propre terrier lorsque le sol le permet.

Régime alimentaire : Principalement constituée d'insectes, de vers de terre et de mollusques ; il lui arrive exceptionnellement de consommer de jeunes lézards. Les fruits sucrés et juteux sont

aussi appréciés. Il boit l'eau sur les herbes et les feuilles après ou pendant la pluie.

Comportement : Les lézards verts que l'on peut rencontrer solitaires ou en couple, se tiennent surtout dans les taches de lumière. Ils se chauffent au soleil le matin surtout, puis en fin d'après-midi, mais on peut aussi les observer dans la journée où ils passent de l'ombre à la lumière. Il arrive que le lézard vert fuie à la moindre alerte ; toutefois, si on s'approche lentement, il reste quelquefois immobile même à faible distance. Dérangé, il fuit prestement, puis s'arrête bientôt et vous regarde, prêt à repartir. Saisi, il mord vigoureusement. Sa morsure, douloureuse, n'est jamais dangereuse.

Photo de gauche : *Le lézard vert apprécie tous les milieux riches en végétaux, où il se dissimule à merveille grâce à sa livrée mimétique.*
Photo de droite : *La gorge (et parfois la tête entière) du mâle en période nuptiale se teinte de bleu vif.*

Lézard agile

Lacerta agilis (Lacertidés)

Description : C'est un lézard massif et rond, à queue relativement épaisse. Le dimorphisme sexuel est très marqué. Le mâle, vert plus ou moins tacheté, présente une large bande vertébrale brun plus ou moins foncé que bordent deux raies plus claires ; la femelle est brun tacheté de clair et de foncé ; fin avril, les mâles revêtent une livrée nuptiale vert vif. La taille est de 20 à 25 cm. Longévité : de 6 à 8 ans.

Habitat : Il vit dans des milieux relativement secs : rocailles, talus de routes, de chemins, de voies ferrées, bordures de champs, herbages buissonnants, pâturages, lisières de forêts, clairières, coteaux à végétation clairsemée, jardins. En montagne, on le rencontre jusqu'à 2 500 m d'altitude. Dans le nord de son habitat, il fréquente les dunes littorales.

Régime alimentaire : Principalement constituée d'insectes et de leurs larves, mais aussi d'araignées, de cloportes et de lombrics. Certains auteurs mentionnent des petits et des œufs de lézard.

Comportement : Ce lézard peu farouche sort d'hibernation fin mars-début avril ; il s'expose alors longuement au soleil, principalement le matin. Lorsque sa température interne atteint 35 à 38 °C, il recherche alors très activement sa nourriture. Il porte

assez mal son nom de lézard agile, car il est plus lent que le lézard vert, il grimpe assez mal et se tient principalement au sol. Il est intéressant de l'observer lorsqu'il saisit un ver de terre : ce dernier se tortillant dans tous les sens, le lézard le secoue vigoureusement en le frappant au sol plusieurs fois ; dès que le ver perd de sa vitalité, le lézard l'avale. C'est un sédentaire qui ne s'éloigne jamais beaucoup de son abri. Il établit son gîte dans un terrier abandonné de rongeur ou sous une pierre ou une vieille souche. Il entre en hibernation fin septembre ou octobre.

Photo de gauche : *La femelle est brune... et le mâle est vert.*
Photo de droite : *Son autre nom français lui convient mieux, car ce lézard n'est guère vif ni agile, ce qui ne l'empêche pas d'être un gros consommateur d'insectes et de leurs larves, qu'il apprécie particulièrement.*

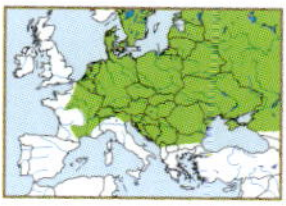

Lézard vivipare

Lacerta vivipara (Lacertidés)

Description : C'est un lézard relativement trapu à queue plutôt courte. Les écailles dorsales sont assez grossières et légèrement carénées, tandis que les ventrales sont trapézoïdales. Il possède de 5 à 15 pores fémoraux et un collier dentelé. La coloration dorsale, beige plus ou moins foncé, mais aussi rougeâtre ou grise, se trouve fréquemment agrémentée d'une raie vertébrale sombre ainsi que de points jaunes et noirs ; les flancs sont plus sombres, et la face ventrale est jaune ou orangée tachée de noir. Taille : 15 cm en moyenne, dont la moitié pour la queue. Longévité : une dizaine d'années.

Habitat : Généralement, le lézard vivipare fréquente les lieux humides : prairies marécageuses, tourbières, bords de rivières, fossés humides, prairies alpines, falaises et rochers du bord de mer ainsi que les dunes. Toutefois, on peut le rencontrer parmi les bruyères, dans les landes, sur les vieux murs, dans les éboulis, les bois clairs et les clairières, sur les talus, en bordure de champs, dans les herbages et même dans les jardins. Dans les Alpes, il atteint 3 000 m d'altitude et seulement 2 400 m dans les Carpates.

Régime alimentaire : Surtout composée d'insectes et de leurs larves, mais aussi de cloportes, d'araignées et de lithobies.

COMPORTEMENT : Ce lézard diurne ne semble pas avoir un instinct territorial très développé, aussi il n'est pas rare que plusieurs adultes se chauffent ensemble au soleil en des lieux favorables et sur des supports très variés : rochers isolés, troncs d'arbre ou branches tombées au sol, branches basses et buissons. Son repos hivernal a une durée variable ; dans le Sud, il peut apparaître en hiver lors de journées ensoleillées. Si l'hiver n'est pas trop rigoureux, il sort dès février, mais, au nord de son aire de répartition ou en montagne, il ne se manifestera souvent qu'en juin après un repos hivernal de 8 à 9 mois. C'est un lézard qui supporte très bien le froid. Relativement farouche, il ne s'enfuit toutefois pas très rapidement ; il se cache souvent sous une pierre ou dans le terrier d'un rongeur.

Photo de gauche : *Femelle de lézard prête à « mettre bas ».*
Photo de droite : *Une femelle de lézard vivipare peut donner naissance jusqu'à 15 petits, plus généralement 7 ou 8.*

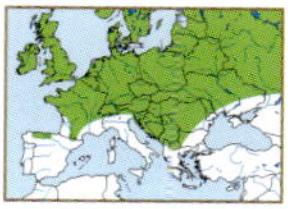

Lézard des murailles

Podarcis muralis (Lacertidés)

Description : C'est un lézard de forme élancée dont la queue peut représenter les deux tiers de sa longueur. L'écaillure et la coloration peuvent varier considérablement. C'est une espèce en pleine différenciation et d'une variabilité extraordinaire. On dénombre de 13 à 27 pores fémoraux. Coloration dorsale type : brune, grise ou verdâtre tachetée ou réticulée de noir ; chez la femelle, le dos est souvent uni, et les flancs, sombres, sont délimités en haut et en bas par une ligne plus claire ; la face ventrale est claire, parfois rougeâtre ou orangée ; la gorge est mouchetée de noir. Taille atteignant 20 cm, exceptionnellement 25 cm. Longévité : jusqu'à 10 ans.

Habitat : Le lézard des murailles affectionne particulièrement les vieux murs de pierres, les rochers, les anciennes carrières, le cailloutis des bords de voies ferrées, les éboulis. Mais on le rencontre aussi sur les talus bordant les routes ou les chemins, dans les lieux herbeux, au pied des haies, en bordure de champs, en lisière de forêts et même parmi la litière dans les bois de feuillus. En montagne, on le rencontre jusqu'à 2 000 m d'altitude. Il est possible d'observer ce lézard toute l'année dans le Sud.

Régime alimentaire : Principalement constituée d'insectes et de leurs larves : petits coléoptères, diptères, hyménoptères,

petits orthoptères, lépidoptères. Mais aussi des vers, des araignées et des lithobies.

Comportement : Ce lézard diurne est vif et agile. Il détecte le moindre mouvement ; cependant si on s'en approche très lentement, il est possible de l'observer à faible distance. Dérangé, il s'enfuit vers un abri, souvent sous une pierre. Il s'agit d'attendre immobile à une certaine distance ; étant donné qu'il est d'un naturel curieux, il ne tarde pas à réapparaître. Il grimpe avec facilité, mais c'est aussi un bon nageur. Il hiberne de novembre à mars (plus longtemps en montagne) ; toutefois, dans le sud de son aire de répartition, il n'hiberne pas profondément, et ses apparitions les jours de soleil ne sont pas rares.

Photo de gauche : *Le lézard des murailles affectionne les vieux murs mais aussi ceux d'habitation bien exposés, abrités et ensoleillés.*
Photo de droite : Podarcis muralis maculiventris. *Cette sous-espèce vit de la plaine du Pô à l'ouest de la Slovénie.*

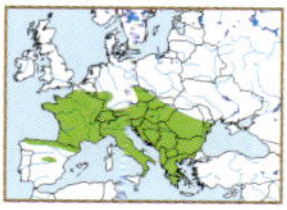

Lézard hispanique

Podarcis hispanica (Lacertidés)

Description : Ce petit lézard fin à museau pointu présente une ornementation et une coloration très variables : le dos brun, rarement verdâtre, est parfois parcouru par une ligne vertébrale sombre ; des taches ou des réticules plus foncés forment des raies ; les flancs sont sombres. Taille : de 18 à 20 cm.

Habitat : On le rencontre sur les rochers, les vieux murs, les talus, parmi les haies et les friches. Il vit en plaine, mais aussi jusqu'à 1 800 m d'altitude.

Régime alimentaire : Insectes, isopodes, lithobies et araignées.

Comportement : C'est un animal diurne. À certains endroits, les populations sont très denses, alors qu'en d'autres lieux présentant les mêmes conditions climatiques il est absent. C'est un excellent grimpeur, vif et agile. Il est principalement actif le matin et l'après-midi, et se retire à l'ombre par forte chaleur.

Lézard tyrrhénien

Podarcis tiliguerta (Lacertidés)

DESCRIPTION : C'est un petit lézard robuste et peu aplati. Le dos est souvent brun-gris à brun chez les femelles, alors que chez le mâle c'est le vert plus ou moins foncé qui domine ; de chaque côté, une ligne claire s'étend souvent jusqu'à la queue ; les flancs sont sombres. Taille : de 20 à 25 cm.

HABITAT : Il fréquente les lieux secs souvent pierreux les coteaux, les éboulis, les bords de sentiers ou de routes, les talus et les vieux murs. Il se rencontre au niveau de la mer et jusqu'à 1 800 m d'altitude.

RÉGIME ALIMENTAIRE : Insectes, lithobies et araignées.

COMPORTEMENT : Ce lézard diurne vit surtout au sol, et certains peuplements peuvent atteindre une grande densité. Il a colonisé de petits îlots ne dépassant que de quelques mètres le niveau de la mer. L'adaptation est intéressante, car les conditions y sont rudes.

Orvet

Anguis fragilis (Anguidés)

Description : L'orvet est un lézard d'aspect serpentiforme, à écailles lisses et brillantes. Sa tête est courte, et son museau arrondi. Les yeux minuscules de l'orvet sont protégés par des paupières mobiles qui révèlent sa parenté avec les lézards, malgré son allure de serpent. La queue est longue mais ne se distingue pas facilement du tronc. La coloration dorsale est variable : brun plus ou moins foncé ou encore jaunâtre, grise ou cuivrée ; les flancs sont sombres ; on peut quelquefois observer des écailles bleues (populations orientales) ; la face ventrale est claire. Taille : de 40 à 45 cm, rarement 50. Longévité : 20 ans et plus.

Habitat : L'orvet fréquente les biotopes à végétation dense, ombragés et légèrement humides, et aussi les terrains plus secs. On peut le rencontrer en forêt (de feuillus) parmi la mousse, les fougères, sous le bois en décomposition, dans les taillis, mais aussi dans les prairies, sur les pentes buissonnantes, sur le bord des sentiers, des chemins et des routes, sur les talus de voies ferrées, dans les fossés, les vignes et même dans les jardins. Il vit surtout en plaine. Dans le Sud, pourtant, en moyenne montagne, il atteint l'altitude de 1 000 m. Dans les Alpes et les Balkans, il est présent jusqu'à 2 400 m.

Régime alimentaire : Limaces, lombrics, larves d'insectes, arai-

gnées, cloportes sont les principaux constituants du régime alimentaire de l'orvet.

Comportement : Il est surtout actif le soir ; il s'expose cependant la journée pour se chauffer. Il boit beaucoup. L'orvet ne se déplace pas très rapidement ; d'un naturel calme, il ne cherche jamais à mordre lorsqu'on le saisit. Si un prédateur le prend par la queue, celle-ci peut se rompre volontairement, ce qui permet souvent une fuite salutaire. La queue se régénère sans toutefois dépasser une longueur de 2 ou 3 cm. Facile à reconnaître, cette queue de repousse est sombre. Il hiberne d'octobre-novembre à mars-avril, mai ou juin.

Photo de gauche : *L'écaillure de l'orvet est étonnament brillante.*
Photo de droite : *La période de reproduction est marquée par des combats entre mâles qui peuvent être très violents.*

Seps tridactyle

Chalcides chalcides (Scincidés)

DESCRIPTION : Ce scinque très allongé ressemble à un serpent. Il est pourvu de membres minuscules qui ne comptent que 3 doigts. La tête porte de petits yeux, et l'orifice auriculaire est visible. La queue, lorsqu'elle est entière, est aussi longue que la tête et le corps. Les écailles sont lisses. Coloration brunâtre, olive ou bronze, avec 9 à 13 lignes longitudinales sombres plus ou moins nombreuses ou totalement absentes ; le ventre est clair. Taille moyenne : de 30 à 40 cm, parfois plus.

HABITAT : Il recherche surtout les endroits humides, mais bien ensoleillés. Toutefois, il lui arrive de vivre dans des lieux plus secs. Un couvert végétal important lui est nécessaire : prairies herbeuses, régions marécageuses, coteaux, terrasses abandonnées, terrains en friche, garrigues, pinèdes claires, mais aussi le bord des chemins, les vignobles, les tas d'herbes sèches. Si la végétation est trop haute et l'ensoleillement au niveau du sol insuffisant, on n'a aucune chance de le rencontrer. Il vit en plaine, colline, moyenne montagne et montagne. On le rencontre jusqu'à 1 270 m d'altitude dans les Abruzzes et à 2 300 m au Maroc.

RÉGIME ALIMENTAIRE : Le seps tridactyle se nourrit d'insectes, de myriapodes, de limaces, de vers et d'araignées.

COMPORTEMENT : C'est un animal diurne, principalement actif le

matin. Pendant les heures chaudes, il recherche l'abri d'une pierre ou s'enfouit sous les feuilles ou dans le sable. C'est un animal vif et rapide. En cas de danger, il replie ses pattes le long de son corps, et se déplace à la façon d'un serpent ; il cherche souvent refuge dans les broussailles où on le perd vite de vue. Le seps tridactyle aime la chaleur, pourtant il n'est pas facile à observer ; il est enfoui dans la végétation, et on n'aperçoit souvent qu'une petite partie de son corps brillant. L'hibernation, relativement longue, peut débuter dès fin septembre pour se prolonger jusqu'en avril ou en mai.

Photo de gauche : *Ce lézard diurne connaît un pic d'activité le matin.*
Photo de droite : *Le seps tridactyle est un lézard aux membres curieusement atrophiés.*

Couleuvre de Montpellier

Malpolon monspessulanus (Colubridés)

Description : C'est une grande couleuvre robuste, à tête étroite, dont la partie frontale est concave et l'écaille supra-oculaire deux fois plus large que la frontale. La mâchoire supérieure est saillante. L'œil à pupille ronde est grand. Les écailles sont lisses. Coloration variable : brun rougeâtre ou grisâtre, vert olive ou brun pâle avec parfois des marques sombres bordées de clair ; la face ventrale jaunâtre est souvent tachetée de sombre. Taille : de 1,70 à 2 m, parfois 2,50 m (Espagne, Afrique du Nord).

Habitat : Elle fréquente des milieux très variés, tantôt très secs, tantôt plus humides. Elle se tient de préférence dans les endroits où la végétation est relativement importante : les landes, les garrigues, les maquis, les bordures de vignes, le pied des vieux murs, la rocaille buissonnante. En Italie, elle se tient parfois dans des biotopes plus humides (bois, bords de rivières). Elle vit en plaine, dans les zones de collines et même en montagne où elle atteint l'altitude de 2 000 m.

Régime alimentaire : Lézards, serpents, rongeurs, oiseaux et œufs (les jeunes mangent des insectes).

Comportement : C'est un serpent diurne, très vigilant, qu'il n'est pas aisé de surprendre. Il est venimeux, mais pour ainsi dire sans danger pour l'homme (opisthoglyphe). Lorsqu'elle est dérangée,

la couleuvre de Montpellier dresse la partie antérieure de son corps, souffle fortement et, si l'on s'approche, tente souvent de mordre en projetant sa tête en avant ; c'est un animal assez irascible. Elle vit principalement au sol, bien qu'il lui arrive de grimper. Elle n'aime pas l'eau, mais, si besoin est, elle est capable de nager sur des distances importantes. Elle apprécie les journées ensoleillées ; pourtant il lui arrive de sortir par temps de pluie et même quand il y a du vent, ce qui est assez exceptionnel chez les serpents. Sa période d'hibernation commence en octobre ou en novembre pour se terminer en mars ou en avril.

Photo de gauche : *Notre seule couleuvre susceptible d'infliger des morsures venimeuses.*
Photo de droite : *L'arcade sourcilière proéminente confère un air menaçant au serpent.*

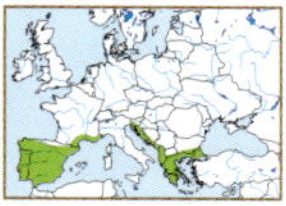

Couleuvre vert et jaune

Coluber viridiflavus (Colubridés)

Description : Cette grande couleuvre élancée, à tête allongée et distincte du cou, possède de grands yeux à pupille ronde, et des écailles lisses. La coloration est sombre, avec des taches jaunes ou jaune verdâtre disposées en rangées transversales dans la partie antérieure, et longitudinalement dans la partie postérieure ; la face ventrale est claire plus ou moins tachetée ; certains individus sont particulièrement sombres. Taille : 1,50 m, parfois plus (jusqu'à 2 m dans le Sud).

Habitat : Elle fréquente les endroits secs et ensoleillés, à végétation relativement importante : les bords de chemins, les broussailles et les haies, les versants rocailleux, les éboulis, la lisière des forêts, mais aussi les prairies et même le bord des rivières. On la rencontre depuis la plaine jusqu'à 1 800 m d'altitude.

Régime alimentaire : Rongeurs, lézards, serpents (vipères et même des jeunes de sa propre espèce). Les juvéniles se nourrissent d'insectes.

Comportement : Diurne, la couleuvre vert et jaune se tient principalement au sol, mais elle est capable de grimper avec agilité dans les arbustes où elle recherche des nids. Il n'est pas rare non plus de l'observer dans un buisson ou en train de se chauffer au soleil. Elle est irascible. Dérangée, elle va immédiatement

tenter de mordre en projetant sa tête en avant ; non seulement elle fait face à l'adversaire, mais elle se dirige vers lui. Quand elle fuit, elle se déplace bruyamment en fouettant le sol de sa longue queue, alors qu'à l'ordinaire elle est d'une grande discrétion. Dès le mois de septembre, son appétit diminue ; c'est le premier signe de l'hibernation qui commence relativement tôt (fin septembre, début octobre) ; il lui arrive de sortir pendant les beaux jours d'hiver pour se réchauffer, mais elle ne quitte sa retraite hivernale qu'en mars ou en avril.

Photo de gauche : *La couleuvre verte et jaune montre la même agilité à se déplacer à terre que dans les arbres ou les arbustes.*
Photo de droite : *Cette couleuvre possède des yeux assez proéminents et des pupilles rondes.*

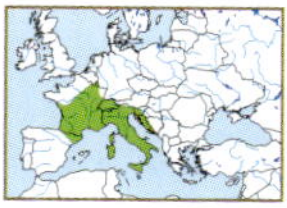

Couleuvre d'Esculape

Elaphe longissima (Colubridés)

Description : Cette grande couleuvre, à longue tête peu distincte du cou, possède des yeux à pupille ronde, des écailles lisses, un préoculaire, 2 post-oculaires et 8 supralabiales. Coloration brun plus ou moins foncé avec de petits points clairs ; la nuque peut porter une tache jaune plus ou moins visible ; la face ventrale est jaune ou jaune verdâtre. Taille moyenne : 1,10 m, voire 1,40 m à 1,60 m et même 2 m dans le Sud (très rare). Il semble que ce soit la couleuvre d'Esculape qui figure sur le caducée, d'où l'origine de son nom. Esculape était le dieu romain de la Médecine ; deux serpents s'enroulaient autour de son bâton.

Habitat : Elle fréquente surtout les endroits secs et ensoleillés : la lisière des forêts de feuillus, les bosquets clairs, les zones broussailleuses, les pentes rocheuses buissonnantes, mais aussi les anciennes carrières envahies par la végétation, les tas de pierres, les vieux murs de pierres sèches, les ronciers, les forêts claires, les talus bordant les champs et les voies ferrées. Elle vit en plaine, parmi les collines et en montagne jusqu'à 1 800 m.

Régime alimentaire : Petits mammifères (mulots, campagnols, musaraignes, etc.), petits oiseaux et leurs œufs, lézards (vert, agile, des murailles). Les jeunes se nourrissent surtout de lézards.

Comportement : La couleuvre d'Esculape est diurne. Elle

grimpe très habilement dans les buissons, les arbustes et sur les rochers. De nature relativement calme, elle est facilement observable lorsqu'elle paresse au soleil le long d'un talus. Dérangée, elle fuit, mais sans se précipiter. Lorsqu'elle aperçoit une proie, elle se replie sur elle-même, puis se détend brusquement, gueule ouverte, la saisit et l'emprisonne en s'enroulant plusieurs fois autour de celle-ci ; elle serre jusqu'à l'étouffement. L'hibernation dure d'octobre-novembre à mars-avril.

Photo de gauche : *Au sol ou dans son environnement végétal, la couleuvre d'Esculape est très mimétique.*
Photo de droite : *Posture de défense : cou replié et tête relevée, aux aguets.*

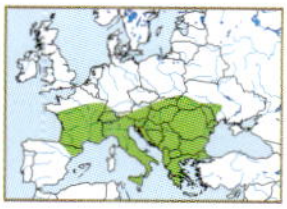

Couleuvre à échelons

Elaphe scalaris (Colubridés)

Description : Cette grande couleuvre élancée, à tête allongée et peu distincte du cou, présente un museau saillant, une écaille rostrale proéminente et un œil à pupille ronde, relativement petit. Le dos des jeunes, jaunâtre ou brunâtre, porte une série de marques noires en forme de « H » ou 2 lignes longitudinales noires reliées transversalement par des traits de même couleur ; chez l'adulte, les 2 lignes longitudinales existent, mais les transversales ont disparu ou sont peu marquées ; la face ventrale est claire, tachetée de sombre. Taille : 1 m, parfois 1,50 m (très rare).

Habitat : La couleuvre à échelons vit dans les endroits secs et ensoleillés : pentes couvertes de broussailles, tas de pierres, pied des vieux murs, garrigue, pinèdes claires, bordure des champs, vignobles, anciens marais salants envahis par les salicornes.

Régime alimentaire : Principalement constituée de petits mammifères, mais aussi d'oiseaux et de lézards. Les jeunes se nourrissent d'insectes, notamment d'orthoptères.

Comportement : En général, cette espèce est active le jour, mais, s'il fait trop chaud, elle ne sort qu'en soirée ou pendant la nuit. Discrète, elle passe souvent inaperçue aux yeux des promeneurs. Il est intéressant de noter que les jeunes se rencontrent souvent la nuit. Elle vit principalement au sol, mais elle grimpe

très bien dans les buissons ou les arbustes. Dérangée, elle disparaît prestement, sans faire de bruit, et ne réapparaît que longtemps après. En revanche, si elle se sent acculée, elle souffle fortement en faisant face, devient alors irascible et, si l'adversaire est à portée, elle le mord. Sa morsure est sans danger. La couleuvre à échelons aime la chaleur, aussi, dès les premiers froids (octobre), elle recherche un endroit pour passer l'hiver. Pendant cette période, il lui arrive de cohabiter avec des serpents d'espèces différentes (couleuvre vipérine ou de Montpellier). L'hibernation se poursuit jusqu'en avril.

Photo de gauche : *Les fameux échelons ornant le dessus du corps n'apparaissent que chez les individus juvéniles.*
Photo de droite : *La couleuvre à échelons est active le jour, mais chasse la nuit ou au crépuscule par fortes chaleurs.*

Couleuvre à collier

Natrix natrix (Colubridés)

Description : On reconnaît cette couleuvre à son collier clair (blanc, jaune ou orangé) ; toutefois certains individus âgés en sont dépourvus. Sa teinte de fond est grise, tirant quelquefois sur le vert ou le brunâtre avec des taches noires ; le ventre est gris avec également des taches noires disposées en damier cette fois ; certains spécimens (souvent en altitude) sont presque entièrement noirs. Le corps, élancé chez les jeunes, devient massif avec l'âge La tête est recouverte de grandes plaques, et la pupille est ronde. Si la taille moyenne est de 80 cm à 1 m, certaines femelles âgées peuvent toutefois atteindre 1,50 m. Longévité moyenne : de 6 à 8 ans.

Habitat : Cette espèce est une habituée des lieux humides : bord des mares, étangs, bras morts des rivières. Sa présence dans les friches, les taillis, les bois secs n'est pas rare non plus. Elle pénètre parfois jusque dans les fermes et les jardins. On peut la rencontrer jusqu'à 2 300 m d'altitude en montagne. En terrain sec, elle cohabite avec *Vipera aspis*.

Régime alimentaire : Des batraciens, des poissons et, exceptionnellement, des rongeurs. Les jeunes se nourrissent de têtards, de petits poissons et de vers.

Comportement : Elle est diurne. Dérangée, elle va aplatir sa

tête, se dresser légèrement et se mettre à souffler très fort ; il est extrêmement rare qu'elle ouvre la gueule pour mordre. Si on la saisit, elle éjecte le contenu nauséabond de son cloaque et, si cela ne suffit pas, elle simule la mort : son corps devient mou, elle se laisse prendre la tête, ouvre la gueule, langue pendante. Elle nage très bien, toujours la tête hors de l'eau. Elle hiberne de novembre à mars ou avril.

Photo de gauche : *Le collier blanc est nettement visible en arrière de la tête.*
Photo de droite : *Un moyen de défense fréquemment utilisé par la couleuvre à collier : la simulation de la mort, corps flasque et langue pendante.*

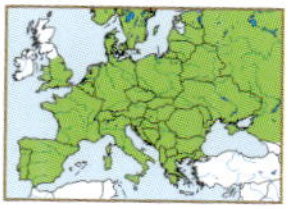

Couleuvre vipérine

Natrix maura (Colubridés)

Description : Couleuvre de taille moyenne, à tête bien distincte du cou et à écailles carénées. Le dos est brun-rouge, gris ou jaunâtre, avec 2 rangées de marques sombres souvent réunies en une ligne ondulée ; la face ventrale apparaît jaunâtre ou rougeâtre tachetée. Taille moyenne : de 70 à 80 cm (jusqu'à 1 m).

Habitat : Elle fréquente généralement les endroits peu éloignés de l'eau : bords des étangs, des mares, des rivières, des fossés mais aussi les prés inondables. Il lui arrive néanmoins de s'éloigner de l'eau, parfois de plusieurs centaines de mètres.

Régime alimentaire : Grenouilles, crapauds, tritons, têtards et poissons.

Comportement : Elle est diurne. Bonne nageuse, elle plonge et se cache souvent parmi les pierres du fond. Dérangée, elle aplatit sa tête, souffle très fort : on pourrait alors la confondre avec une vipère.

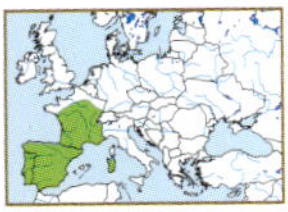

Couleuvre tessellée

Natrix tessellata (Colubridés)

DESCRIPTION : Couleuvre de taille moyenne, à tête étroite et allongée. La pupille est ronde, les écailles sont carénées, la queue est longue. Son corps, gris verdâtre ou gris brunâtre sur le dos, quelquefois plus foncé, s'orne de taches sombres régulières. Taille moyenne : 80 cm (parfois 1 m).

HABITAT : On peut la rencontrer au bord de l'eau, mais elle passe la plupart du temps dans l'élément liquide. Elle vit en plaine et en montagne jusqu'à 1 500 m d'altitude.

RÉGIME ALIMENTAIRE : Elle se compose principalement de poissons et parfois d'amphibiens.

COMPORTEMENT : Elle est très aquatique, ne venant à terre que pour s'exposer au soleil. Elle se tient volontiers sur les pierres qui émergent de l'eau. Elle nage sous l'eau et ne revient en surface que pour respirer. Elle est capable d'engloutir des poissons de belle taille, même si cela doit lui prendre pas mal de temps.

Coronelle lisse

Coronella austriaca (Colubridés)

Description : Il s'agit d'une petite couleuvre, à tête relativement massive et distincte du cou. Elle a de petits yeux à pupilles rondes, l'écaillure lisse et la queue relativement longue. La coloration est très variable : grise, brune, rougeâtre, parsemée de petites taches foncées disposées par paires ou formant des marques transversales ; sur le côté de la tête, une ligne brunâtre s'étend de la narine au cou ; l'arrière de la tête porte une marque sombre ; la face ventrale, brun rougeâtre ou orangée chez le mâle, se montre grise ou noirâtre chez la femelle. Taille moyenne : 60 cm (parfois 70).

Habitat : La coronelle se tient dans les endroits secs et bien exposés : les landes, les zones broussailleuses, les collines boisées, les clairières, les anciennes carrières, les bordures des champs, les talus de voies ferrées, les ruines, les vieux murs, le bord des routes ou des chemins, et cela depuis le niveau de la mer jusqu'à 2 000 m d'altitude.

Régime alimentaire : Elle se compose surtout de lézards (*Podarcis muralis, Lacerta vivipara, Lacerta agilis, Anguis fragilis*). Cette couleuvre consomme également des serpents et de petits mammifères (mulots, campagnols).

Comportement : La couleuvre lisse est diurne, et principale-

ment terrestre. D'un naturel peu farouche, elle s'enfuit lentement et à regret lorsqu'elle est dérangée ; très souvent même, elle reste immobile. Certains individus mordent lors de la capture, tandis que d'autres ne le font pas. Lors de la capture d'une proie, celle-ci est maintenue dans les mâchoires de la couleuvre et tuée par constriction. La coronelle lisse s'applique notamment à bien enserrer les lézards capables de se défendre pour éviter leur morsure. Dans la lutte qui l'oppose parfois aux orvets adultes, elle doit souvent se contenter de la queue de ses adversaires qui, en se débattant, la lui abandonne. Elle entre hibernation assez tardivement (novembre) et réapparaît relativement tôt (mars).

Photo de gauche : *D'un naturel peu farouche, la coronelle s'enfuit lentement lorsqu'elle est dérangée.*
Photo de droite : *L'une de ses proies favorites : un lézard.*

Vipère d'Orsini

Vipera ursinii (Vipéridés)

DESCRIPTION : Cette petite vipère, à tête peu distincte du cou, possède des yeux à pupille fendue verticalement et des écailles carénées. La queue est courte. Le corps, gris-beige ou marron clair, arbore une bande ondulée, moyennement large et plus ou moins bien dessinée, de couleur sombre et des taches de même couleur sur les flancs ; en général, le dessus de la tête porte un « V » renversé, et la face ventrale est plus ou moins foncée. Avec une taille de 40 à 50 cm, cette espèce apparaît comme la plus petite vipère d'Europe.

HABITAT : Elle apprécie les endroits secs et herbeux, souvent parsemés de rocailles et peuplés de buissons, ainsi que les plateaux broussailleux. Elle affectionne tout particulièrement la présence du genévrier nain. C'est un habitant de la plaine et de la montagne jusqu'à 2 000 m d'altitude.

RÉGIME ALIMENTAIRE : Essentiellement constituée d'insectes (orthoptères) et, exceptionnellement, de lézards et de micromammifères.

COMPORTEMENT : La vipère d'Orsini, diurne, mène une vie extrêmement discrète. C'est un animal vigilant et difficile à observer qui, la plupart du temps, se retire dans son abri tout proche sans même que sa présence n'ait été révélée. Il aime à s'exposer lon-

guement au soleil, étendu sur la végétation basse ou parmi le fouillis des branches tombées à terre. Quand il est en train de se réchauffer au soleil, il est capable d'aplatir son corps pour augmenter la surface d'exposition. C'est un serpent relativement lent et pacifique. Si on le capture, il tente de mordre, mais cela n'a jamais causé d'accidents graves. Étant donné le milieu aux conditions rigoureuses dans lequel il vit, il entre en hibernation dès octobre, pour réapparaître mi-avril ou début mai. Comme la plupart des reptiles, la vipère d'Orsini ne produit pas sa propre chaleur ; elle s'expose au soleil et, quand son organisme a atteint la bonne température, elle entre en activité. En conséquence, il sera plus facile de l'observer par une belle matinée ensoleillée, ayant été précédée par des jours de mauvais temps. Toutefois, l'approche sera toujours très discrète et les gestes seront lents. La vipère d'Orsini est devenue très rare.

Photo de gauche : *La vipère d'Orsini est rare et menacée. Bien qu'elle puisse envenimer ses victimes, c'est un serpent placide, très peu agressif.* Photo de droite : *Sa tête est étroite avec un museau effilé et non retroussé.*

Vipère péliade

Vipera berus (Vipéridés)

Description : La vipère péliade, assez massive, a la tête distincte du cou, la pupille fendue verticalement et présente une queue courte. On note la présence d'une seule rangée d'écailles entre l'œil et les labiales, tandis que la préoculaire supérieure est séparée de la nasale. La coloration est variable : le dimorphisme sexuel est bien marqué ; le dos est gris, jaunâtre, rougeâtre, cuivré ou noir, avec une marque en zigzag brune ou noire et des taches sombres sur les flancs ; la tête porte un dessin en « V » ou en « X ». Taille : 60 cm (exceptionnellement 80 cm).

Habitat : Extrêmement varié : bordure de forêts, clairières, anciennes carrières, landes, talus de voies ferrées, haies, ronciers, bordures de champs, jachères, prairies humides, versants bien exposés. On peut la rencontrer en plaine et jusqu'à 3 000 m d'altitude en montagne.

Régime alimentaire : Principalement composée de rongeurs, la nourriture de la vipère péliade peut varier en fonction de son habitat : lézards, grenouilles, petits insectivores et, exceptionnellement, oiseaux.

Comportement : Elle aime s'exposer longuement au soleil le matin et en fin d'après-midi, ses heures de chasse étant principalement crépusculaires et nocturnes. Lorsqu'elle s'expose au soleil,

elle est capable d'élargir son corps pour capter un maximum de chaleur. Néanmoins, par très forte chaleur, elle disparaît sous le couvert de la végétation. À partir du mois d'octobre, la vipère péliade recherche un lieu favorable pour hiberner ; des animaux très différents peuvent se retrouver dans le même abri (lézards et amphibiens). Elle réapparaît en mars-avril. En certains lieux, la densité des vipères péliades est impressionnante ; ainsi, dans certaines zones de la lande bretonne, plusieurs dizaines de ces animaux peuvent être observées dans une matinée ; il faut dire que la densité des rongeurs y est aussi très importante !

Photo de gauche : *La vipère péliade apprécie l'humidité des tourbières et des marais d'altitude.*
Photo de droite : *Sa coloration est variable selon les régions mais aussi les sexes, la robe des mâles (en général gris pâle sur le dessus, avec d'intenses marques noires) étant beaucoup plus contrastée que celle des femelles.*

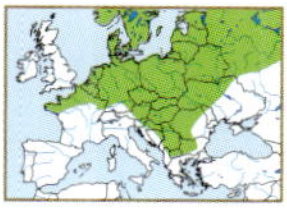

Vipère aspic

Vipera aspis (Vipéridés)

Description : La tête est bien distincte du cou, le museau légèrement retroussé et la queue est courte. La coloration et l'ornement sont très variables : ainsi, on observe 2 ou 3 rangées d'écailles entre l'œil et les labiales ; le dos peut être gris, brun, rougeâtre, beige, mais aussi jaunâtre ou rouge brique, marqué d'une ligne zigzagante ou de bandes transversales plus sombres ; souvent un « V » renversé est visible sur la tête. Taille : 60 cm (exceptionnellement 80 cm).

Habitat : Elle fréquente les biotopes secs et ensoleillés : les coteaux bien exposés, les clairières et les lisières de forêts, les talus, les pierriers, les zones broussailleuses, les ronciers, etc.

Régime alimentaire : Surtout constitué de micromammifères.

Comportement : Animal calme et craintif, qui passe de longs moments à s'exposer au soleil. Elle chasse surtout le soir ou pendant la première partie de la nuit. L'aspic se retire pour hiberner à partir d'octobre, dans un endroit choisi qui peut n'abriter qu'elle ; elle réapparaît en février ou en mars.

Index

Crédits photographiques

Anagnostidis/Nature : 4, 47 ; Barbelette/Nature : 23, 26, 58, 65 ; Chaumeton/Nature : 39, 45 ; Chaumeton-Lanceau/Nature : 6, 14, 19, 22, 59, 62, 71 ; Couderc/Nature : 10 ; CreativeNature.ni/Shutterstock : 30 ; Delacour/Nature : 28, 69 ; Dupraz Patrick : 55 ; Encarnaçao/Shutterstock : 54 ; A.S. Floro/Shutterstock : 13 ; Geniez Ph. : 53, 74 ; Geniez/Crochet : 43 ; I. Gherghel/Shutterstock : 75 ; Grospas/Nature : 29, 41 ; Ifrabanedo/Fotolia.com : 72 ; Krisgillam/Shutterstock : 52 ; Lanceau/Nature : 34, 38, 60, 61 ; C. Mansi/Shutterstock : 35 ; Matteo photos/Shutterstock : 63 ; Mayet/Nature : 18, 24, 40, 76 ; R. Merti/Shutterstock : 77 ; Nature : 5, 9, 16, 32, 57, 66, 70 ; U. Ohse/Shutterstock : 31 ; Prevot/Nature : 7, 8, 11, 12, 20, 21, 25, 27, 33, 36, 37, 42, 44, 46, 48, 49, 50, 51, 56, 64, 68, 73, 78 ; Sauer/Nature : 15 ; Sebtoja/Fotolia.com : 67 ; R. Teteruk/Shutterstock : 17.

Ouvrage collectif créé par Losange

Direction éditoriale : Hervé Chaumeton
Coordination éditoriale : Laurence Dechel
PAO : Francis Rossignol, Isabelle Véret
Photogravure : Stéphanie Tridoux

ISBN : 978-2-8160-0400-7
N° d'éditeur : 8160
Dépôt légal : mars 2013

Achevé d'imprimer : février 2013
Imprimé par Toppan Leefung China Ltd